BEI GRIN MACHT SICH IHR WISSEN BEZAHLT

Psychologische Diagnostik erklärt an praktischen Beispielen

Sadiye Raabe

GRIN

Bibliografische Information der Deutschen Nationalbibliothek:

Die Deutsche Nationalbibliothek verzeichnet diese Publikation in der Deutschen Nationalbibliografie; detaillierte bibliografische Daten sind im Internet über http://dnb.d-nb.de abrufbar.

ISBN: 9783346738202
Dieses Buch ist auch als E-Book erhältlich.

Druck und Bindung: Books on Demand GmbH, Norderstedt Germany
Gedruckt auf säurefreiem Papier aus verantwortungsvollen Quellen

Das vorliegende Werk wurde sorgfältig erarbeitet. Dennoch übernehmen Autoren und Verlag für die Richtigkeit von Angaben, Hinweisen, Links und Ratschlägen sowie eventuelle Druckfehler keine Haftung.

Das Buch bei GRIN: https://www.grin.com/document/1282211

Einsendeaufgabe

«Psychologische Diagnostik»

abgegeben im April 2021

von **Sadiye Raabe**

Modul: Psychologische Diagnostik
Studiengang: M.Sc. Psychologie

Inhaltsverzeichnis

Abkürzungsverzeichnis

BGH 1 StR 618/98:		Revision des 1. Strafsenats des Bundesgerichtshofs mit dem Aktenzeichen 618/98
	BGH	Bundesgerichtshof
	1	1. Strafsenat
	StR	Revisionen in Strafsachen
	618/98	Aktenzeichen
CFT		Culture Fair Test
IGLU		Internationale Grundschul-Lese-Untersuchung
LAU		Lernausgangslagenuntersuchung
PISA		Programme for International Student Assessment
TIMSS		Trends in International Mathematics and Science Study

Abbildungsverzeichnis

1 Forensisch-psychologische Glaubhaftigkeitsbegutachtung

1.1 Zweck einer forensisch-psychologischen Glaubhaftigkeitsbegutachtung

Bei einer forensisch-psychologischen Glaubhaftigkeitsbegutachtung geht es um die systematische Überprüfung der Frage, «ob eine (Zeugen)Aussage anders als durch einen tatsächlichen Erlebnishintergrund zustande gekommen sein kann» (Volbert & Steller, 2014, S. 391). Es geht also um die Beurteilung einer Aussage und nicht um die allgemeine Glaubwürdigkeit einer Person im Sinne einer dauerhaften personalen Eigenschaft (BGH 1 StR 618/98, Urteil vom 30.07.1999).

Es ist also systematisch zu prüfen, ob eine Aussage, die eine Person macht, auf einem tatsächlichen Erlebnis basiert oder nicht. Im Wesentlichen werden zwei Gegenhypothesen zur Wahrannahme abgeklärt (Volbert & Steller, 2014):

- Bei der zu prüfenden Aussage handelt es sich um eine absichtliche Falschaussage (Lügenhypothese).

- Bei der zu prüfenden Aussage handelt es sich um eine auf einer Pseudoerinnerung basierenden falschen Darstellung, die subjektiv für wahr gehalten wird. Solche Pseudoerinnerungen können sich aufgrund fremd- und/oder autosuggestiver Prozesse (Suggestionshypothese) entwickeln.

Ausgangspunkt einer aussagepsychologischen Beurteilung ist die empirisch fundierte Erkenntnis, dass sich Aussagen von wahrheitsgemäss aussagenden und (bewusst) lügenden Personen unterscheiden (Volbert & Steller, 2014). Dabei hat der wissenschaftlich ausgebildete psychologische Sachverständige – entsprechend der Unschuldsvermutung (BGH 1 StR 618/98, Urteil vom 30.07.1999) – zunächst von der Unwahrannahme, der sogenannten «Nullhypothese» (Steller & Volbert, 1999; Undeutsch, 1967) auszugehen. Zur Prüfung dieser Annahme hat er weitere relevante Hypothesen zu bilden. Ergeben seine Prüfungen, dass die Unwahrhypothese bzw. Lügenhypothese mit den erhobenen Befunden nicht mehr übereinstimmen kann, wird sie verworfen, und es gilt die Gegenhypothese, nämlich dass es sich um eine wahre Aussage handelt (Volbert & Steller, 2014, S. 404). Die Beibehaltung der Nullhypothese bis zu ihrer Falsifikation entspricht den Mindeststandards von Glaubhaftigkeitsbegutachtungen (BGH 1 StR 618/98, Urteil vom 30.07.1999).

1.2 Vorgehen bei der Beurteilung einer forensisch-psychologischen Glaubhaftigkeit anhand eines Beispielgutachtens

Die Vorgänge des Glaubhaftigkeitsgutachtens werden gemäss den Beschreibungen über das diagnostische Gutachten gemäss Schmidt-Atzert und Amelang (2012, S. 397–406) sowie dem Beispielgutachten von Westhoff und Kluck (2014, S. 206–232) verdeutlicht:

Untersuchungsanlass:

Ein Glaubhaftigkeitsgutachen wird typischerweise durch ein Gericht angeordnet, um die Glaubwürdigkeit eines Zeugen unabhängig feststellen zu lassen. Dazu erteilt das Gericht dem Gutachter i.d.R. schriftlich einen Auftrag, der den Untersuchungsanlass benennt. Darin wird der Hintergrund der Begutachtung geschildert, womit auch der Zweck der Begutachtung ersichtlich wird (Schmidt-Atzert & Amelang, 2012). *Beispielgutachten:* Das Landgericht B. erteilt dem Sachverständigen den schriftlichen Auftrag, in einem Strafverfahren gegen Herrn V.T. ein Glaubhaftigkeitsgutachen der Zeugenaussage von Karin L. zu erstellen. Dies auch deshalb, weil zwischen der mutmasslichen Tat (Vergewaltigung) bis zur Aussage eine lange Zeit vergangen ist, in der bereits mehrere Aussagen und Therapien stattgefunden haben (Westhoff & Kluck, 2014).

Fragestellung:

Die Formulierung der Fragestellung muss immer mit der getroffenen Vereinbarung zwischen Auftraggeber und Gutachter bzw. mit dem Untersuchungsanlass übereinstimmen. Vor allem in Gerichtsverfahren ist es wichtig, nur die vom Gericht in Auftrag vorgegebenen und benannten Fragen zu beantworten (Schmidt-Atzert & Amelang, 2012). Der Auftraggeber muss auch im Falle einer Befangenheit des Sachverständigen informiert werden (Hänert, 2014). *Beispielgutachten:* Gemäss Auftrag des Landgerichts B. soll ein Glaubwürdigkeitsgutachen der Zeugenaussage von Karin L. erstellt werden.

Anknüpfungstatsachen:

Als Grundlage des Gutachtens werden vom Auftraggeber Anknüpfungstatsachen (auch Vorgeschichte genannt) bereitgestellt. Dies sind die relevanten Informationen (z.B. aus Gerichtsakten), die nicht vom Gutachter selbst erhoben wurden (Schmidt-Atzert & Amelang, 2012). Die Anknüpfungstatsachen stellen eine wichtige Grundlage für die spätere Hypothesenbildungen dar. *Beispielgutachten:* Karin L. sagt in einem Strafverfahren gegen Herrn V.T. aus. Im Auftrag von Frau L. erstattete die Frau Rechtsanwältin R. im Jahre 1997 Strafanzeige gegen Herrn V.T. wegen Vergewaltigung, was bereits im Sommer 1989 geschehen sein soll.

Ableitung der psychologischen Hypothesen bzw. Fragen:

Basierend auf der Fragestellung und den Anknüpfungstatsachen werden im Folgenden mehrere konkrete und alternative, mit empirischen Methoden überprüfbare Unterfragen/Hypothesen hergeleitet (hypothesengeleitetes Vorgehen; vgl. Schmidt-Atzert & Amelang, 2012).

Die Leitfrage der Glaubhaftigkeitsbeurteilung lautet gemäss Steller und Volbert (1999, S. 60): «Könnte dieser Zeuge mit den gegebenen individuellen Voraussetzungen unter den gegebenen Befragungsumständen und unter Berücksichtigung der im konkreten Fall möglichen Einflüssen von Dritten diese spezifische Aussage machen, ohne dass sie auf einem realen Erlebnishintergrund basiert?». Die Glaubwürdigkeitsbeurteilung von Zeugenaussagen ist unter Aspekten wie der Aussagetüchtigkeit/Aussagekompetenz, Aussagezuverlässigkeit (Fehlerquellenanalyse, Motivationsanalyse, Aussagegenese) sowie Aussagequalität (Inhaltsanalyse, Prüfung der Realkennzeichen, Konstanzanalyse) vorzunehmen (BGH 1 StR 618/98, Urteil vom 30.07.1999; Westhoff & Kluck, 2014).

Beispielgutachten: Für die Glaubhaftigkeitsbeurteilung der Zeugenaussage von Frau L. sind folgende Teilfragen zu beantworten (kein Anspruch auf Vollständigkeit):

- Aussagekompetenz: Verfügt Frau L. über kognitive Voraussetzungen (z.B. Wahrnehmungs- und Erinnerungsfähigkeit oder sprachliche Ausdrucksfähigkeit), die eine zuverlässige Aussage überhaupt erwarten lassen?
- Fehlerquellenanalyse: Liegen im Bereich der Motivation von Frau L. Störfaktoren vor, welche möglicherweise die Zuverlässigkeit der Aussage einschränken könnten? Könnte Frau L. selbst oder eine andere Person Vorteile oder Nachteile durch die Anschuldigung bzw. durch einen möglichen Schuldspruch des Angeklagten haben?
- Aussagegenese und Aussageentwicklung: Könnten die Aussagen von Frau L. durch Fremdbeeinflussungen zustande gekommen sein? Könnte Frau L. eigene Erlebnisse irrtümlich oder intentional auf den Beschuldigten übertragen haben? Könnten die Aussagen von Frau L. Produkte von suggestiven Befragungssituationen/-techniken sein? Könnte es sich bei den Aussagen von Frau L. um ein Phantasieprodukt handeln?
- Kriterienorientierte Inhaltsanalyse der Aussage: Mit der sog. Realkennzeichenanalyse (Schmidt-Atzert & Amelang, 2012, S. 551) kann überprüft werden, inwieweit die Aussagen von Frau L. erlebnisfundiert oder nicht erlebnisfundiert ist.

Untersuchungsmethoden:

Ein Sachverständiger hat sich bei der Begutachtung ausschliesslich methodischer Mittel zu bedienen, die dem aktuellen wissenschaftlichen Kenntnisstand gerecht werden (BGH 1 StR 618/98, Urteil vom 30.07.1999). Zudem müssen die eingesetzten Test- und Untersuchungsverfahren nachvollziehbar begründet sein und zu der Beantwortung der Hypothesen/Fragen beitragen (Hänert, 2014). Grundsätzlich werden in der Rechtspsychologie je nach Fragestellung Beobachtungsdaten (life record data, L-Daten), Testdaten (test data, T-Daten) oder Befragungsdaten (questionnaire data, Q-Daten) verwendet werden (Cattell, 1957). Der Einsatz von projektiven Verfahren ist bei Glaubhaftigkeitsgutachten nicht angezeigt, da diese Mängel in den Gütekriterien aufweisen (BGH 1 StR 618/98, Urteil vom 30.07.1999).

L-Daten können aus Dokumentenanalysen (z.B. Gerichtsakten, Zeugnisse) oder Verhaltensbeobachtungen (z.B. Teilnahme bei Vernehmungen) gewonnen werden. T-Daten können z.B. durch standardisierte Intelligenz-/Persönlichkeitstest erhoben werden. Q-Daten sind in der Rechtspsychologie wichtig und sie werden durch Interviews (Anamnese, Exploration) gewonnen (Hänert, 2014). Eine Anamnese bezieht sich auf die Befragung der Vorgeschichte (z.B. schulische/familiäre Entwicklung, kritische Lebensereignisse, aktuelle Situation). In der Exploration kann bezüglich der Gutachterfrage und Hypothesen fallspezifischer ermittelt werden (Hänert, 2014). Auch die Durchführungsbedingungen müssen beschrieben werden wie z.B. Ort und Zeit der Untersuchung, Abfolge der Verfahren, Art der Sitzung, Untersucher etc. (Schmidt-Atzert & Amelang, 2012). *Beispielgutachten:* Die Inhalte der Gerichtsakten des Landesgerichts B. bilden die Informationsgrundlage der psychodiagnostischen Untersuchung. In der Exploration mit Frau L. wurden motivationale und situative Bedingungen erhoben, die für die Entstehung und Entwicklung der Aussage sowie die Einschätzung möglicher Fehlerquellen wichtig sind. In diesem Gespräch wurden Auskünfte zu relevanten Themen eingeholt wie z.B. zu ihrer früheren/jetzigen Beziehung zu ihrem Vater, zu weiteren für sie wichtigen Bezugspersonen (significant others), zu ihrer früheren/jetzigen Beziehung zum Angeklagten etc. Auch wurde eine Sexualanamnese (Einstellungen, sexuelles Verhalten) erhoben. Frau L. wurde vor Gesprächsbeginn über ihre Rechte und Pflichten aufgeklärt (z.B. freiwillige Teilnahme, Gesprächsaufnahme, Transkription etc.). Auch wurde die Einverständniserklärung des Vaters zur Begutachtung seiner Tochter eingeholt.

Untersuchungsergebnisse:

Die Ergebnisse des Gutachtens werden grundsätzlich in der Vergangenheitsform geschrieben (Schmidt-Atzert & Amelang, 2012, S. 402). Dabei gilt, dass die Ergebnisse möglichst objektiv, nachvollziehbar und vollständig dargestellt werden (Stemmler & Margraf-Stiksrud, 2015). Im Ergebnisteil werden noch keine Interpretationen bezüglich der Beantwortung der Fragen vorgenommen (Schmidt-Atzert & Amelang, 2012). Zum Ergebnisteil gehört auch die Beschreibung des Zeugenverhaltens während der Untersuchung wie z.B. Verhalten, sprachlicher Ausdruck etc. (Schmidt-Atzert & Amelang, 2012). *Beispielgutachten:*

- Zur Aussagekompetenz von Frau L.: Weder aus den Aktenangaben noch aus der Exploration mit der Zeugin ließen sich Hinweise für eine erheblich gestörte bzw. eingeschränkte Wahrnehmungs- und Gedächtnisfunktion erkennen.

- Motivationale Aspekte, Aussageentstehung und -entwicklung: Motivationale und situative Bedingungen, die für die Aussageentstehung/-entwicklung wichtig sind, wurden sowohl aus der Aktenlage als auch aus der Exploration mit Frau L. entnommen. In der Exploration wurden Beziehungen von Frau L. erfragt wie z.B. zur Mutter, zum Vater und Bruder sowie zur früheren Beziehung zu Herrn T.

- Zur Aussageentstehung und -entwicklung: Frau L. hatte zum allerersten Mal ihrem Bruder vom sexuellen Missbrauch erzählt. Nachdem sie auch versucht hatte, sich ihrem Vater zu öffnen, glaubte er ihr zunächst nicht. Erst in der Therapie in der Klinik in W. und danach in der Therapie beim Kinderschutzbund konnte sie über Einzelheiten erzählen. Als sie Herrn T. 1997 in ihrer Wohngegend wiedergesehen und er sie auch noch im Park mit einem Messer bedroht hatte, hatte sie grosse Angst bekommen und sich entschlossen, ihn anzuzeigen.

Psychologischer Befund:

Aus den Untersuchungserbnissen wird der psychologische Befund abgeleitet, in dem die Ergebnisse interpretiert werden mit dem Ziel (Schmidt-Atzert & Amelang, 2012), die psychologischen Fragen zu beantworten. Dazu wird die vorausgegangene Datensammlung entlang der diagnostischen Hypothesen (psychologischen Fragen) zusammengetragen, aufeinander bezogen und abgewogen (Schmidt-Atzert & Amelang, 2012, S. 403). Die Interpretation wird im Präsens verfasst (Schmidt-Atzert & Amelang, 2012, S. 404).

Beispielgutachten: Die verbale Ausdrucksfähigkeit von Frau L. reicht bei Weitem aus, um eine differenzierte Zeugenaussage zu machen. Auch die Situation, in der Frau L. die Erstaussage ihrem Bruder gegenüber gemacht hat, spricht gegen eine erfundene Falschbeschuldigung. Die Aussagen von Frau L. weisen ein hohes Mass an individueller Durchzeichnung und Verknüpfung mit ihren eigenen, individuellen Lebensumständen.

Beantwortung der gerichtlichen Fragestellung (Stellungnahme)

In der Stellungnahme wird die Fragestellung klar und nachvollziehbar beantwortet und sie wird ebenfalls im Präsens verfasst (Schmidt-Atzert & Amelang, 2012, S. 404).

Beispielgutachten: Die zahlreichen und gravierenden Verhaltensauffälligkeiten, psychischen und psychosomatischen Störungen der Zeugin begründen keine Zweifel an ihrer grundsätzlichen Aussagekompetenz. Die Aussagen von Frau L. zu den verschiedenen Zeitpunkten weisen im Hinblick auf die Mindestanforderungen logische Konsistenz, Detaillierungsgrad und (differenzierte) Konstanz auf. Die Angaben der Zeugin Karin L. bezüglich der hier fraglichen sexuellen Missbrauchshandlungen durch Herrn V.T. sind daher unter aussagepsychologischen Gesichtspunkten mit hoher Wahrscheinlichkeit als glaubhaft anzusehen.

1.3 Erstellung des schriftlichen Gutachtens

Schliesslich wird in schriftlicher Form über die gewonnen Erkenntnisse ein Gutachten verfasst, welches die zuvor genannten Punkte aufgreift und zusammenfasst und typischerweise folgende Gliederung aufweist (Westhoff & Kluck, 2014):

1. Fragestellung
2. Anknüpfungstatsachen
3. Ableitung der psychologischen Hypothesen
4. Untersuchungsmethoden
5. Ergebnisse der psychologischen Untersuchungen
6. Psychologischer Befund
7. Beantwortung der gerichtlichen Fragestellung

2 S-O-R-K-C-Modell

2.1 Annahmen und Aussagen des S-O-R-K-C-Modells

Das S-O-R-K-C-Modell beruht auf der Grundlage des klassischen Konditionierens (Iwan Petrowitsch Pawlow, 1849-1936), Edward Thorndikes (1874-1949) Überlegungen zum instrumentellen Lernen, Frederik Skinners (1904-1990) Prinzipien des operanten Konditionierens sowie Albert Banduras Untersuchungen zum Modelllernen (Wittchen & Hoyer, 2011). Mit diesen lerntheoretischen Wurzeln konnte sich die Verhaltenstherapie in den 1950er Jahren sehr erfolgreich etablieren (Wittchen & Hoyer, 2011, S. 18).

Lindsley (1964) erweiterte in seinem SRKC-Modell die Skinner'sche S-R-C-Verhaltensformel um die Variable der Kontingenz (K). Kanfer und Saslow (1969) ergänzten dieses SRKC-Modell um die Organismusvariable (O) zum SORKC- oder SORCK-Modell (Wittchen & Hoyer, 2011, S. 424).

Da ein bestimmtes Problemverhalten nicht isoliert betrachtet werden kann, muss man also auch die dem Verhalten vorausgehende Situationen sowie die nachfolgenden Konsequenzen analysieren (Verhaltensanalyse; Wittchen & Hoyer, 2011) Durch diese holistische Betrachtung des Problemverhaltens kann man seine Funktion und die aufrechterhaltenden Faktoren verstehen.

Das SORKC-Modell geht von der Annahme aus, dass ein Reiz (Stimulus; S) in einer problemrelevanten Situation auf einen Organismus (O) einwirkt, der bei diesem ein bestimmtes Verhalten (Reaktion, R) auf kognitiver, emotionaler, physiologischer oder motorischer bzw. behavioraler Ebene auslöst. Aus der Reaktion ergibt sich anschliessend eine Konsequenz (C) wie z.B. Erleichterung oder Flucht. Läuft dieser Vorgang häufig ab (Kontingenz, K), verstärkt sich die Reaktion und es findet ein Lernvorgang statt. Durch Einüben anderer Verhaltensweisen oder durch Veränderung von Stimuli könnten beispielsweise bestimmte Problemverhalten wieder verlernt oder umgelernt werden (Wittchen & Hoyer, 2011).

Mit dem SORKC-Modell kann also nicht nur eine systematische Verhaltensanalyse vorgenommen werden, sondern es kann damit auch ein Verfahren zur Verhaltensmodifikation begründet werden (Wittchen & Hoyer, 2011, S. 420).

Das SORKC-Modell beschreibt demnach die fünf Grundlagen von Lernvorgängen und wird im Folgenden beschrieben (vgl. Abbruzzese & Kübler, 2013; Wittchen & Hoyer, 2011; Abbildung 1):

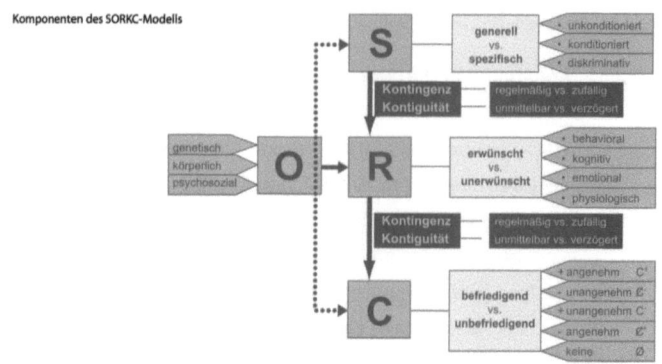

Abbildung 1: Komponenten des SORKC-Modells (Wittchen & Hoyer, 2011, S. 425).

- Unter *Stimulusvariablen (S)* werden alle externen und internen Bedingungen zusammengefasst, die dem Problemverhalten vorausgehen und mit diesem potenziell in funktionalem Zusammenhang stehen. Die externen Bedingungen (S_e) umfassen physikalische Umweltfaktoren (z.b. erhöhte Raumtemperaturen) und soziale Merkmale (z.b. kritische Bemerkung einer Person). Zu den internen Bedingungen (S_i) zählen Gedanken (z.b. «Ich schaffe das nicht»), Gefühle (z.b. Traurigkeit) oder körperliche Veränderungen (z.b. Anspannung). Im Weiteren empfehlen sich Angaben zur Stimulusqualität, die aus dem Zusammenhang zwischen S und R (Reaktion) abgeleitet werden können. Je nach Art des Zusammenhangs erhält S die Qualität eines konditionierten Stimulus (CS), eines unkonditionierten Stimulus (UCS) oder eines diskriminativen Hinweisreizes (Abbruzzese & Kübler, 2013, S. 111). Bei der Analyse der S-Variable ist das Nachvollziehen solcher Konditionierungs- und Diskriminationsprozesse wesentlich, da es wichtige Hinweise für eine Verhaltensmodifikation aufzeigen kann (Wittchen & Hoyer, 2011, S. 426).
- Zu den *Organismusvariablen (O)* zählen alle problemrelevanten zeit- und situationsübergreifenden biologisch-physiologischen und psychosozialen Faktoren der Person, die seinen Verhaltensspielraum im Sinne relativ stabiler Persönlichkeitseigenschaften beeinflussen (z.B. körperliche Erkrankungen, Intelligenz, Einstellungen, Schemata und Persönlichkeitsmerkmale, Selbstkonzept, Kontrollüberzeugungen, Sozialisationsbedingungen etc.).
- Die *Reaktion (R)* wird mit dem Problemverhalten auf motorischer bzw. behavioraler Ebene (R_{mot}: Was haben Sie konkret gemacht?), auf kognitiver Ebene (R_{kogn}: Was dachten Sie dabei?), auf emotionaler Ebene (R_{emot}: Wie haben Sie sich gefühlt?) sowie auf physiologischer Ebene (R_{phys}: Welche körperlichen Veränderungen haben

Sie wahrgenommen?) beschrieben. Da eine Verhaltensanalyse i.d.R. als Grundlage für eine zielgerichtete Verhaltensmodifikation dient, soll bei der Bearbeitung der Verhaltensvariable R nicht nur das unerwünschte Ausgangsverhalten, sondern auch das erwünschte Zielverhalten möglichst akkurat beschrieben sein (Wittchen & Hoyer, 2011, S. 425).

- Die *Konsequenzen (C)* des Verhaltens können folgende Dimensionen betreffen: *Zeitpunkt des Eintretens:* Kurzfristige Konsequenz (C_K: Konsequenz erfolgt unmittelbar auf das Verhalten) vs. langfristige Konsequenz (C_l: Konsequenz tritt zeitlich verzögert auf). *Entstehungsort:* Interne Konsequenz (C_l: z.B. eine körperliche Reaktion) vs. externe Konsequenz (C_e: z.B. aus der Umwelt stammende Aufmerksamkeit erfahren). *Qualität der Konsequenz:* Positive Verstärkung (C^+: z.B. durch Erhalt von Aufmerksamkeit) vs. negative Verstärkung (C^-: z.B. durch Wegfall einer negativen Konsequenz); direkte Bestrafung (C^-: z.B. Strafarbeit) vs. indirekte Bestrafung (C^+: Wegfall einer positiven Konsequenz wie z.B. Reduktion der Aufmerksamkeit).

- Die *Kontingenzvariable (K)* gibt Informationen darüber, mit welcher Regelmässigkeit eine bestimmte Konsequenz auf ein bestimmtes Problemverhalten folgt (z.B. immer/regelmässig oder intermittierend, d.h. manchmal/ab und zu schon, ab und zu nicht). Es bietet sich an, die Analyse der K-Variable gleichzeitig mit der Analyse der C-Variable vorzunehmen (Abbruzzese & Kübler, 2013, S. 111).

2.2 Praktisches Beispiel des S-O-R-K-C-Modells für die Verhaltensanalyse

In Anlehnung an Abbruzzese und Kübler (2013) wird im Folgenden beschrieben, wie das SORKC-Modell für die Verhaltensanalyse im therapeutischen Kontext beispielhaft Anwendung findet. Die Informationsgewinnung für die Verhaltensanalyse nach dem SORKC-Modell können mittels Selbst- oder Fremdberichten, Beobachten, Verhaltenstests, Rollenspielen, Fragebögen etc. erfolgen.

Behandlungsanlass und spontan berichtete Symptomatik des Patienten:

Der Patient ist beim Erstkontakt im psychiatrischen Ambulatorium 26 Jahre alt, verheiratet und Vater eines 2jährigen Kindes. Da sein Leidensdruck in letzter Zeit zugenommen habe, habe ihn seine Lebenspartnerin zu einer Psychotherapie überredet. Seine Stimmung sei in den letzten Jahren schlechter geworden, er fühle sich häufig bedrückt, ausgelaugt und müde. Er arbeite als Biologe bei einer Pharmafirma und sei damit überfordert. Generell arbeite er perfekt und fehlerfrei, und das sei ihm auch wichtig. Seit Jahren leide er unter Waschzwang und neuerdings habe die Intensität zugenommen. Der Waschzwang sei aus einer grossen Angst vor einer Kontamination mit Würmern entstanden, weil er als Jugendlicher eine Wurminfektion erlitten habe. Er habe sich damals ausführlich über Wurmerkrankungen informiert, und die Vorstellung, von innen aufgefressen zu werden, löse bei ihm ein grosses Ekelgefühl aus. Deshalb müsse er sicher gehen, dass alles sauber sei. Momentan könne er weder Salat noch rohes Gemüse essen, weil er nie sicher sei, ob diese sauber gewaschen seien. Bereits in der Kindheit habe er sich die Hände vor dem Essen lange gewaschen und desinfiziert. Er denke, dass er die damalige Wurmerkrankung durch hygienisches Verhalten hätte vermeiden können.

Die Verhaltensanalyse:

- Stimulus (S_e):

  Der Patient steht mit seiner Partnerin in einem Supermarkt vor den Früchten. Eine Packung Erdbeeren lacht ihn an und er berührt diese flüchtig.

- Organismus (O):

  Überdauernde Persönlichkeitsmerkmale: Der Patient hat eine Veranlagung zum Perfektionismus.

  Physiologische Zustände: Im Zustand starker, physiologischer Erregung (Arousal) bei Gedanken an Würmern, reagiert der Patient gereizt und verärgert.

  Erwartungen: «Wenn ich die Erdbeeren komplett gründlich wasche, kann ich die Infektionsgefahr halbwegs kontrollieren.» «Wenn ich die Erdbeeren berühre, werde ich mich sehr wahrscheinlich mit einem Bandwurm infizieren.»

- Verhalten bzw. Reaktion (R):

  R_{kogn}: «Diese Erdbeeren sind schmutzig. Ich könnte mich mit Würmern infizieren, die mich dann von innen durchfressen.»

  R_{emot}: Ekel, Aggressionen und starke Angst.

  R_{phys}: Anspannung, erhöhter Puls, Schwitzen, erhöhte Muskelanspannung im Nacken- und Rückenbereich.

  R_{mot}: Schnell wischt er sich behelfsmässig die Hände mit einem Papiertaschentuch ab. Dies genügt ihm jedoch nicht und sobald er kann, muss er sich die Hände gründlich waschen und desinfizieren.

- Konsequenz (C) und Kontingenz (K):

  C^-: Seine Infektionsangst nimmt (K: manchmal) ein bisschen ab.

  C^-: Seine Frau massregelt ihn (K: manchmal), er solle sich nicht so anstellen.

  C^-: Er schämt sich (K: regelmässig) über seine unlogischen Gedanken. Er macht sich (K: regelmässig) Sorgen, dass seine Partnerin das Interesse an ihn verliert wegen seiner Störung.

  C^+: Er befürchtet (K: regelmässig), dass seine Partnerin ihn wegen seiner Störung verlässt.

  C^-: Handekzeme aufgrund des häufigen Händewaschens (K: regelmässig).

  C^-: Er ist im Alltag stark beeinträchtigt (K: immer).

14

C⁻:   Eine gesunde Ernährung ist erschwert, da er Früchte und rohes Gemüse nicht anfassen kann (K: regelmässig).

Resümee aus dem praktischen Beispiel:
Unmittelbar nach der Anamnese wurde zusammen mit dem Patienten mittels des SORKC-Schemas eine erste Verhaltensanalyse durchgeführt. Dabei wurden dysfunktionale Annahmen, Schemata sowie bezüglich der (fall-)spezifischen Phobien (z.B. ICD-10 F42.2 Zwangsstörung mit Zwangsgedanken und -handlungen, gemischt), Problemverhaltensweisen, Gedankeninhalte und Gefühle ersichtlich. Mit der Erarbeitung von Verhaltensanalysen kann es dem Patienten ermöglicht werden, seine innerpsychischen Dynamiken und die daraus resultierenden Verhaltensweisen zugänglich zu machen. Die Verhaltensanalysen können es dem Patienten langfristig erleichtern, seine eigenen Stimulus-Reaktions-Muster auch im Alltag besser zu analysieren und unzweckmässiges Verhalten zu bemerken. Er kann sich also damit besser beobachten und reflektieren und kann störende bzw. unerwünschte Verhaltensmuster langfristig unterbrechen und verändern.

3 Evaluation und L-/Q-/T-/P-Daten

3.1 Definition der Evaluationsforschung

Da es zahlreiche Definitionen hierzu gibt, wird hier auf den Vorschlag von Döring und Bortz (2016, S. 979–994) Bezug genommen, weil ihre Definition wichtige Elemente der Evaluation nennt:

Die Evaluationsforschung bzw. wissenschaftliche Evaluation nutzt sozialwissenschaftliche Methoden, um einen *Evaluationsgegenstand* (z.b. eine Massnahme) unter Berücksichtigung der relevanten *Anspruchsgruppen* (z.b. Patienten, Auftraggeber der Evaluation) anhand bestimmter *Evaluationskriterien* (z.b. Wirksamkeit, Effizienz, Nachhaltigkeit) zu *bewerten*. Die durch den Evaluationsprozess erlangte Bewertung soll in der Praxis verschiedene *Evaluationsfunktionen* (bzw. *Evaluationszwecke*) erfüllen. Die Evaluationsergebnisse sollen in der Praxis genutzt werden (*Evaluationsnutzung*), das heisst, dass die Ergebnisse zu sachgerechten Entscheidungen (z.b. Weiterführung einer Massnahme oder nicht) und sinnvollen Veränderungen (z.b. Verbesserung einer Massnahme) führen sollten. Evaluationsforschung unterliegt den üblichen Prinzipien der Wissenschaftlichkeit sowie der Wissenschafts- und Forschungsethik. Gute Evaluationsstudien müssen zusätzlich den *Evaluationsstandards* als Gütestandards (z.b. Nützlichkeit, Durchführbarkeit, Fairness, Genauigkeit) genügen. In der Evaluationsforschung werden über Sach- und Methodenkompetenzen hinaus besondere Anforderungen an die Qualifikation der Evaluierenden gestellt wie z.b. soziale und personale Kompetenzen.

3.2 Evaluationszweck

Die Evaluationszwecke bzw. die Evaluationsfunktionen werden von Auftraggebenden und/oder anderen Stakeholdern festgelegt und bezeichnet, was diese mit der Evaluation und den erzeugten Evaluationsergebnissen erreichen wollen (Döring & Bortz, 2016). Der Evaluationszweck bestimmt die Richtung der Evaluation, das heisst, dass jeder Evaluationsschritt so anzulegen ist, dass er dem jeweiligen Evaluationszweck dient (*Evaluationszweck*, 2014).

Döring und Bortz (2016) unterscheiden fünf Evaluationsfunktionen bzw. Evaluationszwecke:

- *Erkenntnisfunktion:* Evaluationsforschung trägt per definitionem dazu bei, wissenschaftliche Erkenntnisse über die Eigenschaften und Wirkungen von Evaluationsgegenständen zu sammeln.
- *Lern- und Dialogfunktion:* Im Verlauf der Evaluationsforschung durchlaufen die Beteiligten Lernprozesse und verschiedene Stakehoder bzw. Anspruchsgruppen treten miteinander in Dialog. Eine Evaluationsstudie kann die Funktion haben, einen solchen Dialog über den Evaluationsgegenstand zu fördern und erfolgreich zu gestalten.

- *Optimierungsfunktion:* Die Evaluation dient in diesem Fall zur zielgerichteten Verbesserung des Evaluationsgegenstandes.

- *Entscheidungsfunktion:* Evaluationsergebnisse bilden oft die Basis für Wahlmöglichkeiten zwischen verschiedenen Evaluationsgegenständen (soll Massnahme A oder B umgesetzt werden) oder für Entscheidungen über die Umsetzung oder Fortführung einer Massnahme (soll die Massnahme beibehalten oder abgebrochen werden).

- *Legitimationsfunktion:* Sowohl die Durchführung von Evaluation als auch ihre Ergebnisse sollen dazu beitragen, die Entwicklung und Realisierung einer Intervention zu kontrollieren und nach aussen zu legitimieren (v.a. bei öffentlich geförderten Programmen/Massnahmen).

3.3 Beispiel eines konkreten Sachverhaltes im Gebiet der Evaluation

Das hier verwendete Beispiel entstammt einer Evaluationsstudie zur Wirksamkeit des EIKA-Programms, beschrieben in der Doktorarbeit von Gertraud Essel-Ullmann (2009): Ursprung des Projekts „Entwicklung und Implementierung eines neuen Konzeptes zur Eingliederung Jugendlicher in die Berufs- und Arbeitswelt in Schulen mit erhöhtem Förderbedarf" (EIKA) waren die Veröffentlichung der ernüchternden PISA-Ergebnisse für Deutschland. Dabei belegte der Stadtstaat Bremen im nationalen Vergleich in allen getesteten Leistungsdomänen die letzte Position (Essel-Ullmann, 2009). Das in Bremen und Bremerhaven realisierte EIKA-Projekt reagierte auf die Ergebnisse der PISA-Studie und widmete sich Schulen an besonders benachteiligter Lage. Das waren v.a. solche Schulen mit einem erhöhten Prozentsatz von Schülern nicht-deutscher Herkunft und sozial benachteiligter Herkunftsfamilien. Der Zweck dieses Programms war die Etablierung von Massnahmen zur Förderung benachteiligter Jugendlicher, um Disparitäten in den Bereichen Mathematik, Lesen, Orthographie und Sozialkompetenzen zu verringern. Die Bremer Landesregierung gab eine Evaluationsstudie in Auftrag, um wissenschaftliche Hinweise zum EIKA-Programm zu erhalten, ob die getroffenen Massnahmen auch die gewünschten Effekte nach sich ziehen.

Die Fragestellungen dazu waren z.B.:

- Gelingt es durch die EIKA-Massnahmen, die Kompetenzen im Fach Deutsch (Leseverständnis, Orthographie) bzw. Mathematik in den beteiligten Projektschulen besser zu fördern als in Schulen, die nicht am EIKA-Projekt (Kontrollschulen) teilhaben?

- Gelingt es durch die EIKA-Massnahmen, die sozialen Kompetenzen der Jugendlichen in den Projektschulen besser zu fördern als in Kontrollschulen?

In einem längsschnittlichen Mehrkohorten-Design wurden drei Altersgruppen in der Sekundarstufe I in den Jahren 2004 bis 2008 (Zeitraum von 5 Jahre) wiederholt untersucht. In den teilnehmenden Projektschulen wurden jeweils die kompletten Jahrgangsstufen (5., 7. und 9. Jahrgangsstufe) befragt und getestet. Bei jeder Erhebung wurde die aktuelle Jahrgangsstufe 5 als neue Kohorte einbezogen. Die Stichprobe umfasste damit unterschiedliche Kohorten, für die Daten aus ein bis drei Wellen vorlagen (Essel-Ullmann, 2009). Für die Kohorte 1 erlaubt die Anlage der Studie, die Veränderungen über einen Zeitraum von vier Jahren zu erfassen (vgl. Abbildung 2, blau dargestellt).

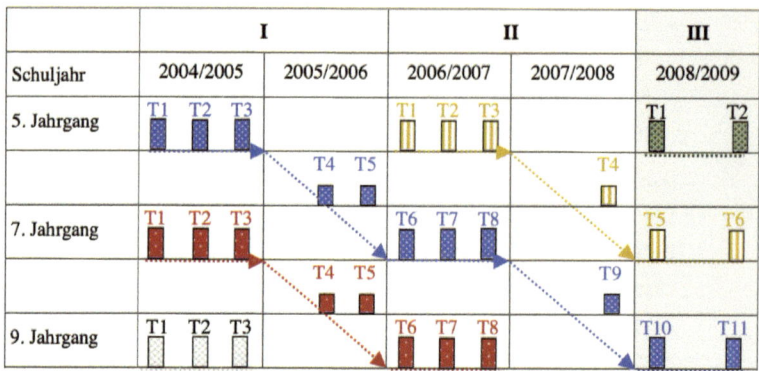

Anmerkungen: T: Testzeitpunkt; Der grau hinterlegte Teil III ist nicht Teil der vorliegenden Arbeit. (modifiziert nach Köller, O., Eßel-Ullmann & Paasch, 2005)

Abbildung 2: Mehrkohorten-Längsschnittdesign zur Wirksamkeitsüberprüfung der EIKA-Massnahmen an Bremer und Bremerhavener Schulen (Essel-Ullmann, 2009, S. 117)

3.4 Datenerhebungsinstrumente

Es werden im Folgenden die L-/Q-/T-/P-Daten jeweils allgemein kurz erläutert und danach einige exemplarische Datenerhebungsinstrumente aus der Evaluationsstudie (Essel-Ullmann, 2009, S. 146–164) dargestellt und begründet:

L-Daten:

Bei L-Daten, englisch life record data, handelt es sich um Daten zum Zwecke der Personenbeschreibung, die aus Erhebungen über objektive Vorgänge und Tatbeständen, aus der Alltagssituation einer Person (z.B. Anzahl Freundschaften, Streitereien) sowie aus Fremdbeurteilungen stammen (Cattell, 1957). Gewonnen werden L-Daten v.a. aus *Dokumentenanalysen* (z.B. Briefe, Tagebücher, Zeugnisse, Gerichtsakten etc.; vgl. Allport, 1942) und *Verhaltensbeobachtungen* im Sinne einer systematischen Beobachtung (d.h. es gibt ein klar definiertes Beobachtungsziel und die Beobachtung erfolgt mithilfe eines Beobachtungssystems; vgl. Stemmler & Margraf-Stiksrud, 2015).

Beispiele für L-Daten aus der Evaluationsstudie:

- Die Angaben zu den Schülern wie Namen, Alter, Geschlecht, Vorjahresnoten in den Fächern Deutsch und Mathematik, Wiederholungen von Schuljahren, Lese- und Rechtschreibstörung (LRS), Dyskalkulie, Aufmerksamkeitsdefizit-/Hyperaktivitäts-störung (ADHS) wurden über die Lehrpersonen erfragt. Dazu wurde eine Klassenliste entwickelt und die Klassenlehrkräfte wurden gebeten, die erfragten Daten aufgrund ihrer Schulunterlagen anonymisiert einzutragen. Diese Art der Datengewinnung erfolgte also mithilfe der *Dokumentenanalyse* (Schülerakten), die jedoch auf die Lehrerschaft übertragen wurde.

- Von den Lehrkräften wurden mithilfe von Lehrerfragebögen Auskünfte zum Sozial-verhalten ihrer Schüler erhoben. Die Lehrkräfte machten Angaben in jeweils einem Fragebogen zum prosozialen und devianten Verhalten ihrer Schüler. Beispielsweise enthielt der Fragebogen zum prosozialen Verhalten 17 Items (Beispiel-Item: «Dieser Schüler/diese Schülerin ist sehr gut in der Klasse integriert.» Die jeweilige Lehrkraft konnte dann mit einer fünfstufigen Antwortskala (1=stimmt gar nicht bis 5=stimmt genau) den Schüler aufgrund seiner Beobachtung einschätzen. Diese Art der Daten-gewinnung stellt eine *Fremdbeurteilung mithilfe einer Verhaltensbeobachtung* dar.

- Mithilfe eines Schüler-Mitschüler-Soziogramm-Fragebogens wurde jeder Schüler zu jedem Mitschüler über die Dimensionen Hilfsbereitschaft, Störungen im Unterricht, Streben nach Beachtung und aggressive Tendenzen befragt. Da in Soziogrammen jedes Gruppenmitglied jedes andere beurteilen muss, entspricht dieses Erhebungs-instrument einer *Fremdbeurteilung mithilfe einer Verhaltensbeobachtung.*

Q-Daten:

Bei Q-Daten, englisch questionnaire data, handelt es sich um Daten zum Zwecke der eigenen Personenbeschreibung, die im Wesentlichen aus der *Selbstbeschreibung* der Person mittels (Persönlichkeits-)*Fragebogen* oder *diagnostischen Interviews* erhoben werden (Cattell, 1957).

Beispiele für Q-Daten aus der Evaluationsstudie:

- Für die Erhebung des familiären Hintergrundes (z.B. sozioökonomische Stellung der Eltern, soziales und kulturelles Kapital, Migrationshintergrund etc.) der Lernenden wurden *Schüler- und Elternfragebögen eingesetzt, indem sie sich jeweils selbst beurteilen mussten.* Beispielsweise wurden die finanziellen Verhältnisse mittels Indi-katoren für den relativen Wohlstand von Familien erfasst (Beispiel-Item, entnommen aus der PISA-Studie: „Gibt es bei dir zu Hause eine Geschirrspülmaschine?"). Das soziale Kapital wurde u.a. über die Kommunikationshäufigkeit der Eltern mit ihren Kindern wie z.B. über Schulaktivitäten, mögliche Ausbildungswege etc. erfragt (Beispiel-Item: „Wie oft haben Sie im Laufe des letzten Jahres mit Ihrer Tochter/Ihrem

Sohn über die folgenden Themen gesprochen?"). Um ein letztes Beispiel zu nennen, wurde die Bildungsnähe der Eltern über den Besitz von Kulturgütern erfragt (Beispiel-Item: „Gibt es bei Ihnen/bei dir zu Hause Bücher mit Gedichten oder ein Wörterbuch?").

T- Daten:

Bei T-Daten, englisch test data, handelt es sich um Daten zum Zwecke der Persönlichkeitsbeschreibung, die v.a. aus Ergebnissen von psychologischen Tests erhoben werden (Cattell, 1957). Tests basieren auf einer konkreten Testtheorie und die Anwendung ist standardisiert (Stemmler & Margraf-Stiksrud, 2015). Tests werden häufig in *Leistungstests* (Person muss Aufgaben lösen im Sinne von Kompetenzen zeigen wie z.B. in einem Intelligenztest, Konzentrationstest, Schulleistungstest etc.) sowie *Persönlichkeitstests* (damit werden individuelle Persönlichkeitsmerkmale wie Eigenschaften, Motive, Interessen, Einstellungen, Werthaltungen etc. gemessen) unterteilt (Stemmler & Margraf-Stiksrud, 2015).

Beispiele für T-Daten aus der Evaluationsstudie:

- Zur Erfassung der allgemeinen kognitiven Grundfertigkeiten wurden der Grundintelligenztest CFT 20 sowie der Kognitive Fähigkeitstest (KFT) verwendet, welche zu den *Leistungstests* gehören.
- Das Leseverständnis wurden mithilfe von LAU-, IGLU- sowie PISA-Testaufgaben erhoben, welche zu den *Leistungstests* gehören.
- Die Mathematikleistungen wurden mithilfe von LAU-, IGLU-, TIMSS und PISA-Testaufgaben erhoben, welche ebenfalls zu den *Leistungstests* gehören.

P- Daten:

Bei P-Daten, englisch projective data, handelt es sich um Daten zum Zwecke der Persönlichkeitsbeschreibung. Dabei wird aus dem Verhalten der Testperson in einer Testsituation auf eine Persönlichkeitseigenschaft geschlossen, wobei auf Selbstberichte verzichtet wird und der Test für die Teilnehmer undurchschaubar ist (Schmidt-Atzert & Amelang, 2012). Bekannte projektive Tests sind z.B. der Thematische Apperzeptionstest (TAT), das Multi-Motiv-Gitter (MMG) oder der Rorschach-Test.

Beispiel für P-Daten aus der Evaluationsstudie:

- Es wurden in dieser Evaluationsstudie keine Daten mithilfe von projektiven Tests erhoben.

Literaturverzeichnis

Abbruzzese, E., & Kübler, U. (2013). Verhaltensanalyse in der Verhaltenstherapie. *Verhaltenstherapie, 23*(2), 108–116. https://doi.org/10.1159/000352030

Allport, G. W. (1942). *The use of personal documents in psychological science.* Social Science Research Council.

Cattell, R. B. (1957). *Personality and motivation structure and measurement.* World Book Co.

Döring, N., & Bortz, J. (2016). *Forschungsmethoden und Evaluation in den Sozial- und Humanwissenschaften* (5. vollständig überarbeitete, aktualisierte und erweiterte Auflage). Springer.

Essel-Ullmann, G. (2009). *Eine Evaluationsstudie des Programms EIKA zur Eingliederung Jugendlicher in die Berufs- und Arbeitswelt* (Dissertation, Friedrich-Alexander-Universität Erlangen-Nürnberg). https://nbn-resolving.org/urn:nbn:de:bvb:29-opus-13049

Evaluationszweck. (2014). Evaluationszweck – Eval-Wiki: Glossar der Evaluation. https://eval-wiki.org/glossar/Evaluationszweck

Hänert, P. (2014). Rechte und Pflichten des psychologischen Sachverständigen und allgemeine Grundlagen der Begutachtung. In T. Bliesener, F. Lösel, & G. Köhnken (Hrsg.), *Lehrbuch der Rechtspsychologie* (1. Auflage, S. 271–287). Huber.

Kanfer, F. H., & Saslow, G. (1969). Behavioral diagnosis. In C. M. Franks (Hrsg.), *Behavior therapy: Appraisal and status.* McGraw-Hill.

Lindsley, O. R. (1964). Direct Measurement and Prosthesis of Retarded Behavior. *Journal of Education, 147*(1), 62–81. https://doi.org/10.1177/002205746414700107

Schmidt-Atzert, L., & Amelang, M. (2012). *Psychologische Diagnostik* (5., vollständig überarbeitete und erweiterte Auflage). Springer.

Steller, M., & Volbert, R. (1999). Forensisch-aussagepsychologische Begutachtung

(Glaubwürdigkeitsbegutachtung). *Praxis der Rechtspsychologie, 9,* 46–112.

Stemmler, G., & Margraf-Stiksrud, J. (Hrsg.). (2015). *Lehrbuch psychologische*

Diagnostik (1. Auflage). Verlag Hans Huber.

Undeutsch, U. (1967). Beurteilung der Glaubhaftigkeit von Aussagen. In U. Undeutsch

(Hrsg.), *Forensische Psychologie* (Bd. 11, S. 26–181). Hogrefe.

Volbert, R., & Steller, M. (2014). Glaubhaftigkeit. In T. Bliesener, F. Lösel, & G.

Köhnken (Hrsg.), *Lehrbuch der Rechtspsychologie* (1. Auflage, S. 391–407).

Huber.

Westhoff, K., & Kluck, M.-L. (2014). *Psychologische Gutachten schreiben und*

beurteilen (6., vollständig überarbeitete und erweiterte Auflage). Springer.

Wittchen, H.-U., & Hoyer, J. (Hrsg.). (2011). *Klinische Psychologie & Psychotherapie*

(2., überarbeitete und erweiterte Auflage). Springer.